신기한 스쿨버스

신기한 스쿨버스

❽ 꿀벌이 되다

조애너 콜 글 · 브루스 디건 그림 | 이강환 옮김 | 서울초등기초과학연구회 감수

이 책을 준비하는 데 도움을 준
캐나다 브리티시컬럼비아주의 사이먼프레이저대학 생물학과 교수
마크 윈스턴 박사님께 감사드립니다.

유익한 자문을 해 준 코네티컷주 뉴헤이번의 예일대 부속 피버디자연사박물관 곤충학부 레이 푸프디스 씨,
애리조나주 투손의 칼하이던 벌 연구소 소장 에릭 에릭슨 씨,
그리고 우리를 벌집으로 안내해 준 마크 리처드슨 씨께 감사드립니다.

신기한 스쿨버스

❽ 꿀벌이 되다

1판 1쇄 펴냄 ― 2000년 1월 4일, 1판 48쇄 펴냄 ― 2018년 1월 18일
2판 1쇄 펴냄 ― 2018년 11월 15일, 2판 2쇄 펴냄 ― 2020년 5월 21일

글쓴이 조애너 콜 그린이 브루스 디건 옮긴이 이강환 감수 서울초등기초과학연구회
펴낸이 박상희 편집 김지호 디자인 정다울 펴낸곳 (주)비룡소
출판등록 1994. 3. 17.(제16-849호) 주소 06027 서울시 강남구 도산대로1길 62 강남출판문화센터 4층
전화 영업 02)515-2000 팩스 02)515-2007 편집 02)3443-4318,9 홈페이지 www.bir.co.kr
제품명 어린이용 각양장 도서 제조자명 (주)비룡소 제조국명 대한민국 사용연령 3세 이상

The Magic School Bus®: Inside a Beehive by Joanna Cole and illustrated by Bruce Degen
Text Copyright © 1996 by Joanna Cole
Illustrations Copyright © 1996 by Bruce Degen
All rights reserved.
Korean Translation Copyright © 1999 by BIR Publishing Co., Ltd
Korean translation edition is published by arrangement with Scholastic Inc., 555 Broadway, New York, NY 10012, USA through KCC.
Scholastic, THE MAGIC SCHOOL BUS®, 신기한 스쿨버스™ and/or logos are trademarks and registered trademarks of Scholastic, Inc.

이 책의 한국어판 저작권은 KCC를 통해 Scholastic, Inc.와 독점 계약한 (주)비룡소에 있습니다.
저작권법으로 한국 내에서 보호를 받는 저작물이므로 무단 전재와 무단 복제를 금합니다.

ISBN 978-89-491-5408-4 74400/ ISBN 978-89-491-5413-8(세트)

이 도서의 국립중앙도서관 출판예정도서목록(CIP)은 서지정보유통지원시스템 홈페이지(http://seoji.nl.go.kr)와
국가자료공동목록시스템(http://www.nl.go.kr/kolisnet)에서 이용하실 수 있습니다.(CIP제어번호: CIP2018031628)

우리가 고물 스쿨버스를 타고 가는 동안,
프리즐 선생님은 꿀벌에 대해서 계속 설명했어요.
"여러분, 꿀벌은 우리한테 맛있는 꿀을 만들어 줘요.
또 식물들이 살아갈 수 있게 도와주기도 해요.
그리고 꿀벌은 대표적인 사회성 곤충이랍니다!"

사회성 곤충이란?
— 완다

사회성 곤충이란 공동체 속에서 함께 일하고 살아가는 곤충을 말합니다.
몇몇 사회성 곤충들을 소개합니다.

전 꿀벌이 제일 좋아요.

아널드, 네가 가장 좋아하는 곤충은 뭐니?

우웩! 좋아하는 곤충이라니. 곤충은 내 취미가 아닌데……

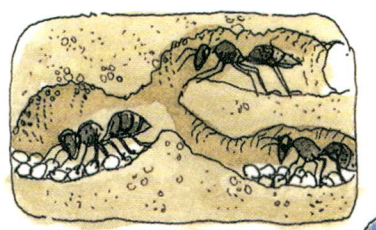
개미는 땅속에 집을 짓습니다.

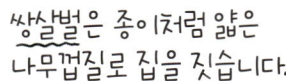
쌍살벌은 종이처럼 얇은 나무껍질로 집을 짓습니다.

뒤영벌은 땅속에 구멍을 판 후, 그 구멍 안쪽에 풀을 깔아서 집을 짓습니다.

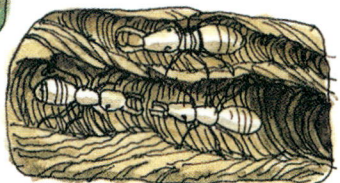
흰개미는 나무 속에 집을 짓습니다.

과학 낱말 공부
— 도로시 앤

'사회성'이란 말은 모여서 살거나 함께 일하는 것을 말합니다.

벌은 왜 침을 쏠까요?
— 피비

벌은 자기 집을 지키기 위해서 침을 쏩니다. 벌은 꼭 필요할 때만 침을 쏩니다. 왜냐하면 침을 쏜 벌은 곧바로 죽기 때문입니다.

> 난 꼭 필요할 때만 침을 쏠 거야……

> ……음…… 예를 들어, 집을 지킬 때 말이지.

꿀벌의 침 끝은 갈고리가 있는 가시처럼 생겼습니다.

→ 침   → 가시

꿀벌이 침을 쏘면 낚싯바늘처럼 침이 피부에 걸립니다. 그러면 침은 벌의 몸에서 떨어져 나가고 그 벌은 죽습니다.

시골 마을에 도착하자, 프리즐 선생님은 벌통들 옆에 스쿨버스를 주차했어요. 우리가 만나기로 한 꿀벌 치는 아저씨는 아직 도착하지 않았나 봐요. 그러자 선생님은 소풍 바구니를 꺼내며 이렇게 말했어요.
"기다리는 동안 뭘 좀 먹을까요?"
야호, 때로는 우리 담임 선생님도 평범하게 멋진 생각을 할 때가 있다니까요!

벌의 한마디
침을 쏘는 곤충 가까이에서는 특히 **조심하세요!**

> 벌들은 여러분이 만지거나, 귀찮게 하거나, 벌통에 너무 가까이 가지만 않으면, 사람을 잘 쏘지 않아요.

> 선생님, 아무리 그래도 창문을 닫는 게 좋겠어요.

그런데, 선생님이 꿀병을 열다가 팔꿈치로 이상하게 생긴 작은 손잡이를 툭 쳤어요. 그 바람에 꿀병은 미끄러져 바닥에 떨어졌죠. 그때 우리는 윙윙거리는 이상한 소리를 들었어요.

이런!

으악, 버스가…… 버스가…… 버스가 갑자기 마구 흔들리면서 점점 작아졌어요. 우리 몸도 버스와 함께 점점 줄어들었죠.

왜 이렇게 흔들리는 거야.

우리 몸도 줄어들고 있어.

난 땅꼬마가 될 때가 정말 싫어.

줄어들고
또 줄어들고
또 또 줄어들고
줄어들기 끝!

벌침 알레르기
— 랠프

사람은 벌에 쏘이면 매우 아픕니다. 어떤 사람들은 죽기까지 합니다. 이런 사람들은 특별한 약을 가지고 다녀야만 합니다.

구급약

벌의 한마디
벌처럼 작아지세요!

○ 벌들이 먹는 먹이를 찾고 싶나요?
그럼, 꽃을 찾아보세요.
— 셜리

벌들은 꽃꿀을 모읍니다. 꽃꿀은 꽃 속에 들어 있는 달콤한 액체입니다.
벌들은 꽃가루도 모읍니다. 꽃가루는 수술의 끝부분인 꽃밥에 들어 있는 여러 색깔을 띠는 가루입니다.

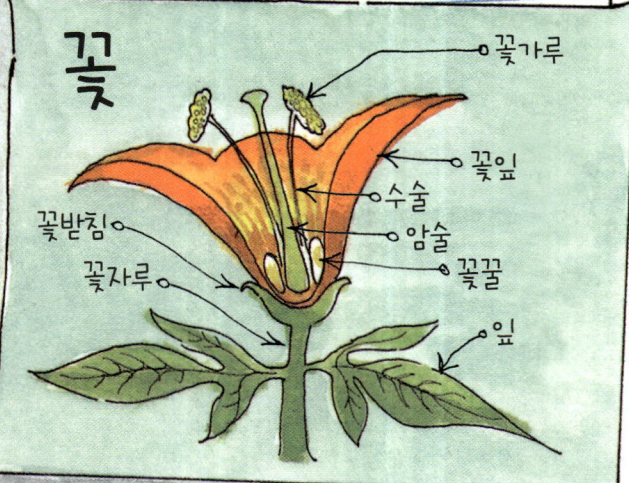

꽃
꽃가루
꽃잎
수술
암술
꽃받침
꽃자루
꽃꿀
잎

프리즐 선생님이 계속 말했어요.
"보초 벌이 낯선 벌을 집에 들어오게 할 때가 있어요. 그건 길을 잃어버린 벌이 왔을 때뿐이죠. 물론 그 벌이 먹이를 아주 많이 가지고 와야 들여보내 준답니다. 그리고 모든 벌들은 먹이를 꽃에서 가져와야 하죠."

벌은 꽃꿀이나 꽃가루, 그리고 꽃꿀이나 꽃가루로 만든 것만 먹는대.

뭐? 그럼 과자도 안 먹어?

보통 벌들은 하루에 꽃 수천 송이를 찾아가죠.

아, 그래서 그들을 부지런한 꿀벌이라고 하는군요!

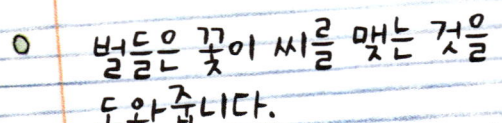

○ 벌들은 꽃이 씨를 맺는 것을 도와줍니다.
— 알렉스

벌들은 꽃을 방문해서 꽃가루받이를 해 줍니다. 꽃가루받이를 해 준다는 것은 꽃가루를 다른 꽃의 암술머리에 운반해 준다는 뜻입니다.

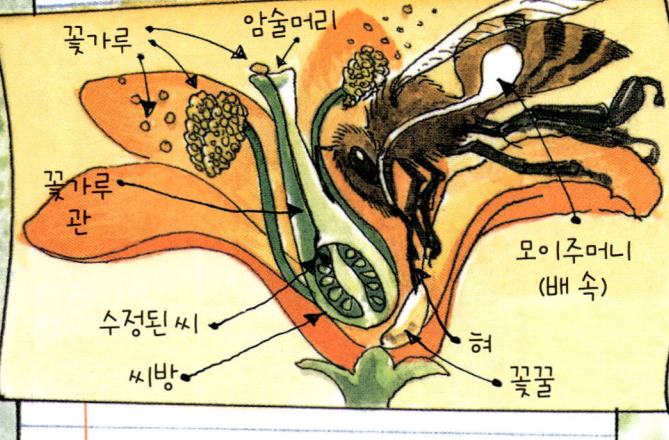

꽃가루 한 개가 꽃 속에 있는 난세포 한 개와 합쳐져 수정되면 씨가 맺힙니다.

벌들이 꽃가루를 운반해 주지 않으면 많은 식물들이 씨를 맺을 수 없어요.

우리는 벌이 꼭 필요해요.

프리즐 선생님은 벌이 하는 행동을 잘 관찰해서 고대로 따라 하라고 말했어요. 벌은 빨대처럼 생긴 긴 혀를 꽃 속으로 집어넣더니 꽃꿀을 빨아들이기 시작했죠. 우리도 각자 고무 빨대를 사용해서 벌이 하는 대로 똑같이 따라 했어요.
프리즐 선생님이 말했어요.
"벌은 배 속의 모이주머니에 꽃꿀을 담아 운반해요. 우리는 모이주머니가 없으니, 꽃꿀을 작은 병에 담도록 해요."

벌의 한마디
꽃가루받이를 할 때는
부드럽게 하세요!

벌처럼 모두 고무 빨대로 꽃꿀을 모으세요.

벌은 냄새로 '이야기'합니다!
— 아만다 제인

페로몬은 동물들이 냄새로 '이야기'할 수 있게 해 주는 화학 물질입니다.

내가 그렇게 좋니? 역시 난 너무 잘생겼다니까.

벌들은 페로몬으로 서로 이야기를 나눕니다. 이런 이야기를 한다는군요.
"난 이 집 식구야."
"난 다른 데서 온 벌이야."
"난 일벌이야."
"에헴, 난 여왕벌이다."
"위험해! 위험해!"
"벌통을 지켜라!"

벌은 말은 할 수 없지만, 서로 의사소통은 할 수 있습니다.

우리는 한 사람씩 벌통 앞에 내렸어요.
프리즐 선생님이 우리한테 페로몬을 뿌려 주었어요. 페로몬은 벌들이 만들어 내는 화학 물질이에요. 이제 우리 몸에서도 벌 냄새가 난답니다. 우린 완벽한 변신을 했지요.
드디어 긴장되는 순간이 다가왔어요.

여러분, 벌통 하나에 약 6만 마리나 되는 벌들이 살아요.

우리가 진짜 벌이 아니라는 걸 들키면 어떻게 되죠?

프리즐 선생님! 제발 한 번만 더 뿌려 주세요.

벌의 한마디
벌 냄새가 나니까 용기를 내세요!

우리는 보초 벌이 더듬이로 우리 몸을 쓰다듬으며 냄새를 맡는 동안 숨을 죽였어요. 벌이 우리한테 속아 넘어간다면 우리는 벌통 안으로 들어갈 수 있겠죠. 하지만 들킨다면……. 으악, 너무 끔찍해서 생각하기도 싫어요.

> 벌과 얘기할 수 있는 기회가 왔어!
>
> 내가 잘 얘기해 볼게!

오늘 일벌이 할 일

- ☑ 보초 서기
- ☑ 집 청소
- ☑ 집 짓기
- ☑ 꿀 만들기
- ☑ 날개로 부채질해서 집을 서늘하게 하기
- ☑ 여왕벌 돌보기
- ☑ 아기 벌 돌보기
- ☑ 꽃가루와 꽃꿀 모으기

벌통 안에는 누가 살까요?
— 마이클

꿀벌 무리를 이루는 벌들은 세 가지 계급으로 나뉩니다.

1. <u>여왕벌</u>: 여왕벌이 하는 일은 알을 낳고, 낳고, 또 낳는 것입니다.

여왕벌

2. <u>일벌</u>: 알을 낳지 않는 암컷 벌들입니다. 일벌은 벌통 안에서 일어나는 거의 모든 일을 합니다.

3. <u>수벌</u>: 모든 수컷 벌들입니다. 수벌들이 하는 단 한 가지 일은 여왕벌과 짝짓기 하는 것입니다.

일벌　　수벌

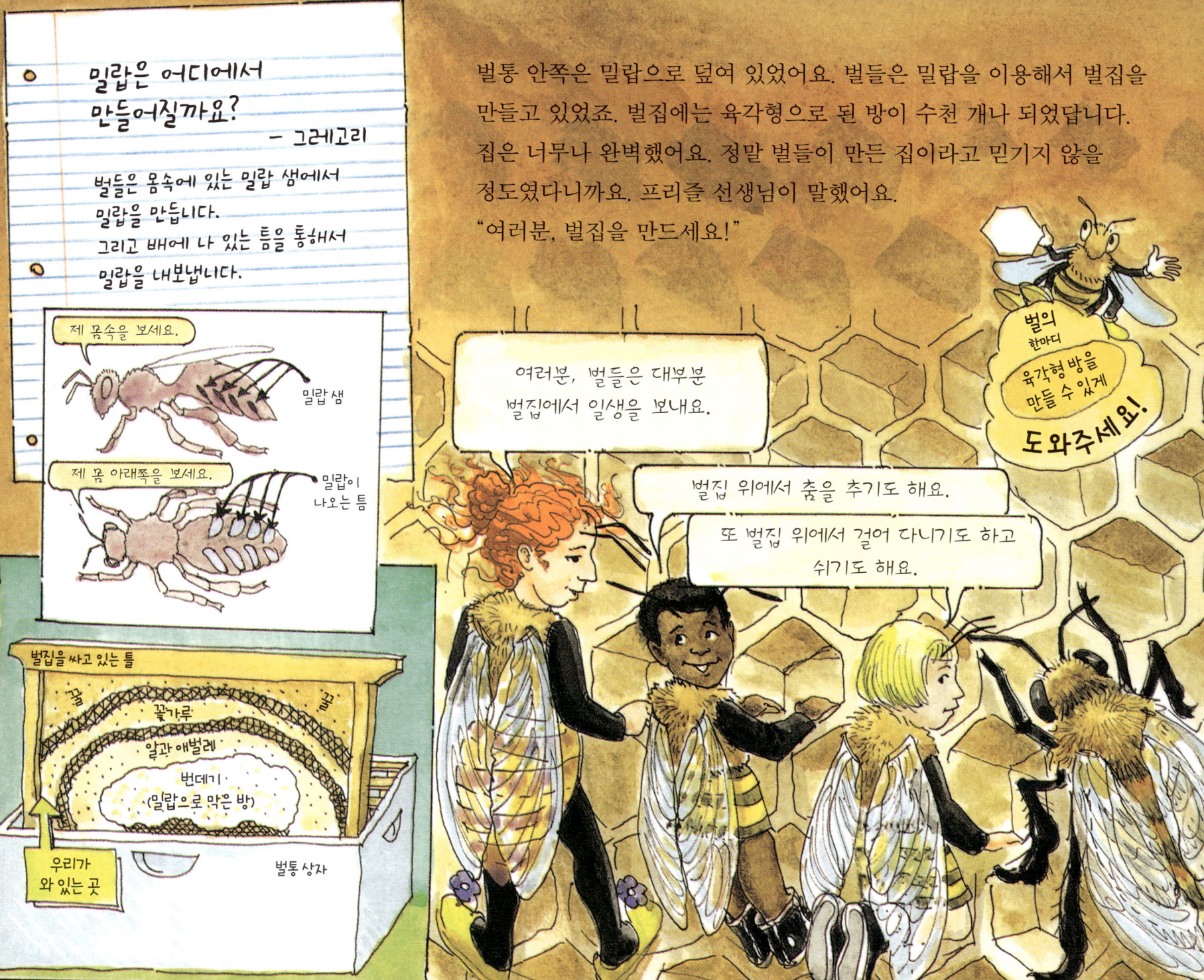

우리는 최선을 다해 육각형 방을 만들었어요. 그 결과는? 엉망이었죠. 그런데 다행히도, 벌들은 우리가 벌이 아니란 걸 알아채지 못했어요. 벌들은 그저 우리가 망친 육각형 방들을 부수고는 자기들이 다시 만들었죠. 다른 벌들은 꿀을 만들거나, 여러 가지 일로 몹시 바빴어요.

> 벌들은 이런 방에서 아기들을 키워.

> 꽃꿀과 꽃가루도 여기에 보관하지.

> 그러면서 꿀도 여기에서 만들어.

> 이 방은 벌들한테 아주 쓸모가 많아.

벌들은 어떻게 벌집을 만들까요?
— 레이첼

벌들은 뒷다리와 가운뎃다리를 이용해서 밀랍을 앞다리로 보냅니다. 그런 다음 입으로 밀랍을 씹어 방을 만듭니다.

꿀벌들은 방의 끝부분을 위쪽으로 꺾어 올려서, 꿀이 흘러내리지 않게 합니다.

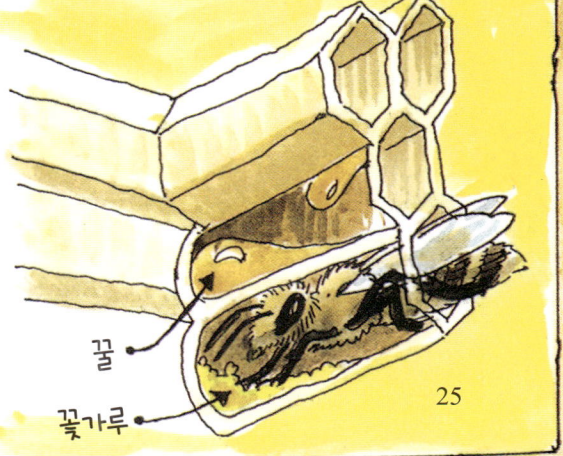

꿀
꽃가루

한편
서쪽에서는 보브 아저씨가……

우리는 벌들이 꽃꿀을 꿀로 바꾸는 과정을 지켜 보았어요.
먼저, 벌들은 머릿속의 침샘에서 나오는 화학 물질을 꽃꿀에 섞었어요.
그러면 그 화학 물질이 꽃꿀의 당분을 꿀의 당분으로 바꿔요.
이제 물을 뿌리고 날개로 부채질을 하면 끝!
걸쭉하고 끈적끈적하며 달콤한 꿀이 될 정도의 물만 남도록
부채질을 해서 물기를 모두 말리지요.
우리도 같이 부채질을 해서 벌이 꿀을 만드는 것을 도와주었어요.

여러분, 모두 벌처럼 꿀에 부채질을 하세요.

우리가 벌처럼 행동하면 우리를 의심하지 못할 거야. 아마도?

진정해, 아널드. 천천히 해도 돼.

내가 진정하게 생겼어? 벌이 옆에 있잖아.

꽃꿀을 꿀로 만드는 중

침샘

일벌들은 여왕벌을 더듬이로 쓰다듬고 혀로 핥아 주었어요.
그리고 먹을 것을 입에서 입으로 건네주었죠.

일벌들은 왜 여왕벌을 쓰다듬고 핥아 줄까요?
— 키샤

여왕벌은 '여왕 물질'이라는 페로몬을 분비합니다.

일벌들은 여왕벌을 쓰다듬고 핥아서 이 페로몬을 얻습니다. 페로몬을 얻은 일벌들은 벌통 속을 돌아다니며 다른 벌들을 쓰다듬고 핥아 줍니다. 그러면 다른 벌들도 '여왕 물질'을 얻게 됩니다.

'여왕 물질'은 벌들한테 여왕이 아무 탈 없이 잘 지내고 있다고 알려 주고 안심시키는 물질입니다. 안심한 일벌들은 자기가 하던 일을 계속합니다. 이제 벌통 속의 모든 일은 순조롭게 돌아갑니다.

애벌레는 왜 많이 먹을까요?
그래야만 번데기에서 벌로
변할 수 있으니까!
― 아널드

번데기는 먹지 않습니다. 그러면 벌이
되는 데 필요한 에너지를 어디에서
얻을까요? 번데기는 애벌레였을 때
저장해 둔 지방과 자신의 근육을
분해해서 먹고 삽니다.

과학 낱말 공부 하나 더
― 도로시 앤
'탈바꿈'은 유충(애벌레)에서
성충(벌)으로 변하는 것입니다.
변태라고도 합니다.

프리즐 선생님이 말했어요.
"애벌레가 충분히 자라면 더 이상 먹지 않아요. 그때 애벌레는 고치로 자기 몸을 감싸죠. 이게 바로 번데기예요."
유모 벌들은 방 입구를 밀랍으로 막았어요.
그 방 안에서 번데기는 더 이상 먹거나 자라지 않아요.
이제는 완전한 벌이 될 거예요. 이 과정이 탈바꿈이랍니다.

뭔가 분명히 변화가 일어나고 있어.

잘 봐. 번데기에 머리가 생겼어······.

그리고 눈도, 그리고 더듬이도······.

그리고 날개, 다리까지······.

벌이 되기 위한 모든 것을 다 갖췄어!

새 여왕벌이 떠난 후에 갑자기 큰 소리가,
쿵……쿵……쿵……쿵…… 하고 들려왔어요. 모두들 깜짝 놀랐죠.
그 소리는 바로 곰의 발소리였어요! 곰이 벌통에 다가오더니,
꿀과 벌의 애벌레를 훔치려고 했죠. 일벌들은 일제히 날아올라
침을 쏘기 시작했답니다. 그런데 이게 웬일이에요?
곰의 털가죽이 너무 두꺼워서 침이 들어가지 않는 거예요!

한편 보브 아저씨는……
아직도 서쪽에서 오고 있는 중

만약 곰이 벌통을 부수고 열어서……

결국 꿀과 애벌레들을 몽땅 먹어 치운다면……

벌들은 살아남을 수가 없어요!

우리가 도와줘야 해요!

침을 쏴!

뚫고 들어갈 수가 없어!

도와줘!

벌통을 공격하는 동물들 - 팀

- 스컹크
- 곰
- 말벌
- 다른 벌통에서 날아온 벌

벌들은 침입자들을 대부분 물리칩니다.
하지만 곰이 가장 어려운 상대입니다.

꼭 조심하세요!
곰한테 가까이 가지 마세요.
곰은 귀여워 보이지만,
사실 매우 위험합니다.

우리는 밖으로 날아올라 곰한테 돌진!
하지만 아무 소용이 없었죠.
곰은 벌통을 떠날 생각이 전혀 없었답니다.
프리즐 선생님이 소리쳤어요.
"여러분, 작전을 세워야겠어요. 우리가 곰을 유인해 봅시다!"

벌의 한마디
작전을 세우고 공격 준비하세요!

"벌처럼 벌통을 지켜요!"

"하지만 저 귀여운 아기 곰을 어떻게 공격할 수 있겠어요."

"너, 안경을 써야 할 것 같아. 어딜 봐서 귀여운 아기 곰이니?"

"커다랗고 굶주린 곰이지!"

스쿨 벌통이 모퉁이를 돌 때, 꿀병이 버스 문밖으로 굴러 떨어졌어요.
그런데 어째 이런 일이?
꿀병은 통통 튈 때마다 점점 커지더니, 본디 크기만큼 커졌어요.
곰은 꿀병에서 꿀을 꺼내 먹는 데 정신이 팔렸죠.
그래서 우리를 까맣게 잊어버렸답니다.

"정말 정말 무서웠어!"

우리도 비행을 마치고 학교로 돌아왔어요.
다리가 여섯 개인 신기한 스쿨 꿀벌은 학교 주차장에 내려앉자
다시 변하기 시작했죠.

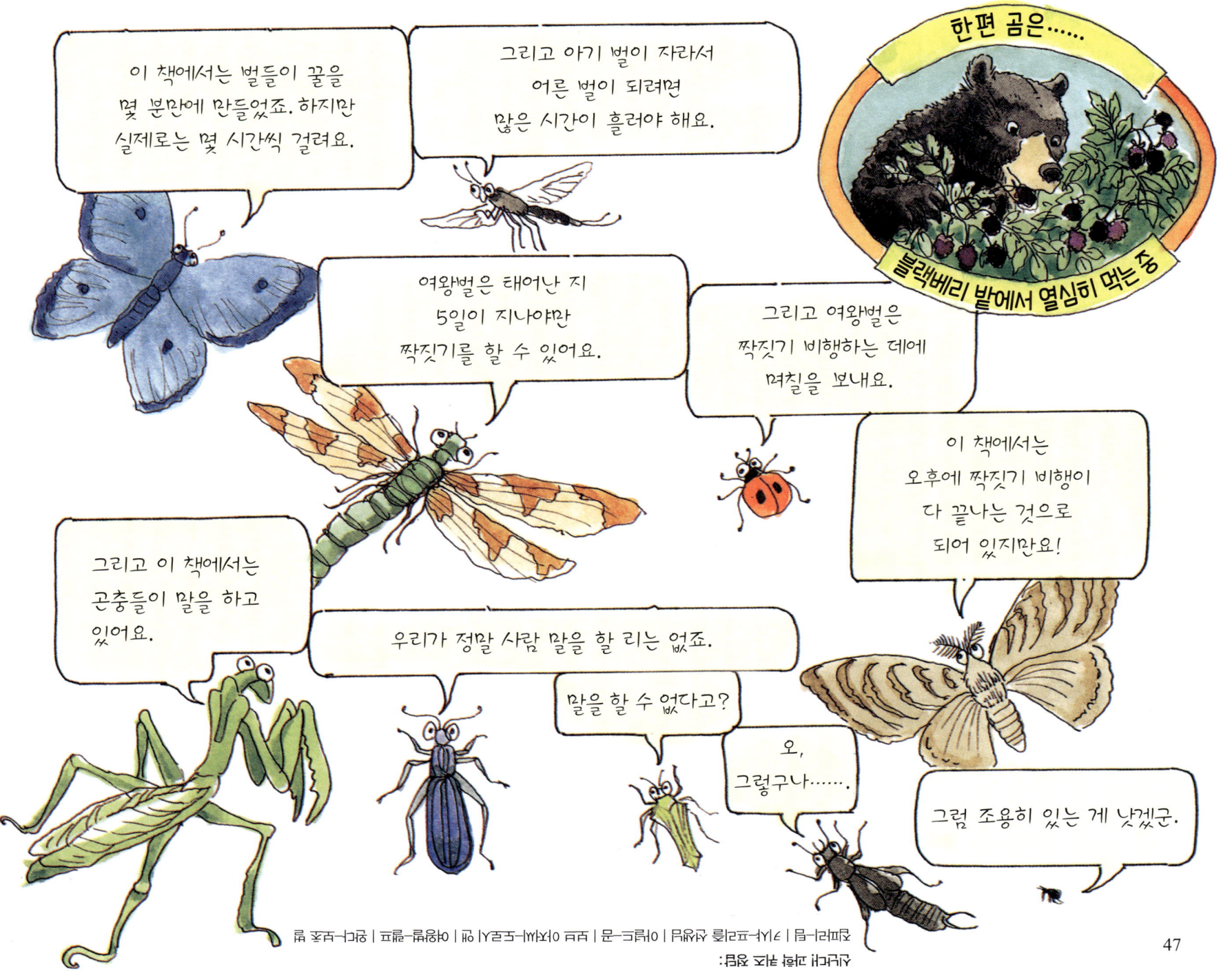

신기한 과학 암기 카드

신난다! 과학 퀴즈

이 책의 카드를 오려 봐. 카드 뒷면에 신기한 과학 질문과 답이 섞여 있어. 각각의 질문에 알맞은 답을 짝지어 봐. 정답은 47쪽에 있어. [교과 연계] 3-1 과학 3. 동물의 한살이, 3-2 과학 2. 동물의 생활

신기한 과학 암기 카드 게임을 해 보자!

❶ 캐릭터가 크게 그려진 쪽이 보이게 카드를 흩트려 놓고, 가위바위보를 한다.
❷ 이긴 사람이 'Q' 카드 중 한 장을 골라 질문을 크게 읽는다.
❸ 그런 다음, 'A' 카드도 한 장 골라 답을 크게 읽는다.

랠프
하고 싶은 말: 프리즐 선생님, 페로몬 좀 더 뿌려 주세요!

벌들은 몸에서 만들어 내는 화학 물질인 '페로몬'으로 서로 이야기를 나눠. 또 원을 그리며 빙글빙글 도는 춤을 추어서 뜻을 전하기도 하지.

신기한 스쿨버스 ❽

집파리
신체적 비밀: 대부분 더듬이와 날개가 있고, 눈은 겹눈이다.

침을 쏜 일벌에게는 무슨 일이 일어날까요?

신기한 스쿨버스 ❽

도로시 앤
지금 읽고 있는 책: 재밌는 책을 찾는 법을 알려 주는 책.

꽃가루받이예요. 꽃을 방문해서 꽃가루를 다른 꽃의 암술머리에 운반해 줘요!

신기한 스쿨버스 ❽

아널드
요즘 신경 쓰이는 것: 곤충은 내 취미가 아니야…….

벌이 집을 짓는 곳은 어디일까?

신기한 스쿨버스 ❽

보조 벌
특징: 낯선 벌들이나 적이 나타나면 깨물거나 침을 쏜다.

답은 일벌이야! 몸에서 나는 화학 물질을 꽃꿀에 섞고 물을 뿌려서 꿀을 만들지.

신기한 스쿨버스 ❽

키샤
좋아하는 무늬: 까만 줄무늬.

곤충은 다리가 몇 개일까? 참고로 거미는 다리가 8개야. 잘 생각해 봐.

신기한 스쿨버스 ❽

※가위를 사용할 때 손을 다치지 않도록 유의해 주세요.

❹ 그 답이 질문에 알맞은 답이면 'Q'와 'A' 카드를 모두 가져오고, 'Q' 카드를 다시 한 장 고른다.
❺ 틀린 답이면 'Q'와 'A' 카드를 모두 캐릭터가 크게 그려진 쪽이 보이게 내려놓는다.
❻ ②~⑤를 반복한다.
❼ 질문인 'Q' 카드와 그에 알맞은 답인 'A' 카드를 짝지어 3쌍의 카드를 먼저 가지는 쪽이 승리!

여왕벌
장래 희망: 장래의 여왕벌이 태어날 때까지 가족들을 잘 보살피는 것.

벌도 서로 이야기를 나눈다는 건 사실이야! 벌들은 어떻게 이야기할까?

신기한 스쿨버스 ❽

팀

성격: 낙천적이고 변화에 잘 적응한다.

곧바로 죽는다! 침이 일벌의 몸에서 떨어져 나가서 일벌이 죽게 되는 거야.

신기한 스쿨버스 ❽

보브 아저씨

자랑거리: 세상에서 가장 달콤한 보브 표 꿀.

벌이 꽃에게 해 주는 일이 뭔지 아니? 굉장히 중요한 일을 해 주는데 말이야.

신기한 스쿨버스 ❽

프리즐 선생님

좋아하는 과목: 과학.

모든 곤충은 다리가 6개 있어요! 그리고 거미는 곤충이 아니랍니다.

신기한 스쿨버스 ❽

완다
자신 있는 일: 꿀벌을 대신해 고무 빨대로 꽃꿀 모으기.

꽃에서 따 온 꽃꿀을 끈적하고 달콤한 꿀로 만드는 건 누구일까?

신기한 스쿨버스 ❽

곰

가장 좋아하는 음식: 꿀! 달콤한 꿀이 최고야!

야생벌이라면 짚단이나 도자기, 목재, 나무! 사람이 키우는 벌이라면 나무 벌통에 집을 지을 거야.

신기한 스쿨버스 ❽

※가위를 사용할 때 손을 다치지 않도록 유의해 주세요.

글쓴이 **조애너 콜**
어린 시절 벌레, 곤충을 다룬 책들을 즐겨 읽는 과학 소녀였습니다. 초등학교 교사, 사서, 어린이 책 편집자로 일하다가, 어린이 문학과 과학 지식을 결합한 어린이 책을 쓰기로 결심했습니다. 첫 번째 책 『바퀴벌레』를 시작으로 90권이 넘는 책을 펴냈습니다. 그중 가장 널리 알려진 「신기한 스쿨버스」 시리즈로 워싱턴 포스트 논픽션 상, 데이비드 맥코드 문학상 등 많은 상을 받았습니다.

그린이 **브루스 디건**
미국 뉴욕 쿠퍼 유니언 대학과 프라트 대학에서 일러스트를 공부했습니다. 「신기한 스쿨버스」 시리즈를 비롯해 「프리즐 선생님의 신기한 역사 여행」 시리즈, 「토드 선장」 시리즈 등 40권이 넘는 어린이 책에 그림을 그렸습니다.

옮긴이 **이강환**
서울대학교에서 천문학 박사 학위를 받은 뒤, 과천과학관을 거쳐 서대문자연사박물관에서 일했습니다. 「신기한 스쿨버스」 시리즈를 비롯한 여러 권의 과학책을 우리말로 옮겼고, 지은 책으로 『우주의 끝을 찾아서』, 『빅뱅의 메아리』 등이 있습니다.

감수 **서울초등기초과학연구회**
서울시 교육청 관내 초등교사 100여 명이 모인 연구회로, 과학책을 편찬하고 교육 프로그램을 개발하여 현장에 적용하고 있습니다. 특히 한국연구재단과 함께 '금요일의 과학터치' 사업을 10년째 운영하며, 초등 과학 교육의 대중화에 앞장서고 있습니다.

전 세계 1억, 국내 1천만의 신화, 어린이 과학책의 베스트셀러
신기한 스쿨버스™ 시리즈

신기한 스쿨버스™ 키즈 (전 30권)
조애너 콜 글 · 브루스 디건 그림 | 이강환, 이현주 옮김 | **6세 이상**
우리 아이의 첫 과학 그림책. 아이가 좋아하는 내용으로 **과학 호기심이 쑥쑥**.

과학탐험대 **신기한 스쿨버스**™ (전 10권)
조애너 콜 외 글 · 브루스 디건 외 그림 | 이한음 외 옮김 | **7세 이상**
혼자 읽기 좋은 과학 동화. 읽기 적당한 분량으로 **과학과 책 읽기에 자신감이 쑥쑥**.

신기한 스쿨버스™ (전 12권)
조애너 콜 글 · 브루스 디건 그림 | 이강환, 이연수 옮김 | **8세 이상**
전 세계에서 사랑받는 과학책의 베스트셀러. 더 많은 정보로 **과학 이해력이 쑥쑥**.